Parabòl

Bondye k ap Danse ya

Parabòl Bondye k ap Danse a
ISBN: 978-1-960761-64-4
Ekri pa C. Baxter Kruger
© C. Baxter Kruger Ph.D. 2025
Premye piblikasyon an 1994, repibliye an 2000, 2010

Konsènan Otè a

Baxter marye ak madanm li Beth depi 40 an. Yo gen kat timoun ak kat pitit pitit
epi y' ap viv yon kote yo rele Brandon, Mississippi. Li resevwa doktora li nan
Kings College, Inivèsite Aberdeen nan Ekòs anba pwofesè James B.Torrance.
Doktè Kruger se otè 9 liv, ki enkli seri liv ki fè pati de meyè vant intènasyonal
yo tankou,The Shack Revisited, Patmos, ak premye ti liv li a, Parabòl Bondye k'
ap danse ya, plizyè redaksyon, ak plizyè santèn è ansèyman, ak yon varyete etid
sou entènèt la—tout disponib nan perichoresis.org. Doktè Kruger vwayaje atravè
mond lan pandan 30 an ap pwoklame bon nouvèl enklizyon nou nan JeziKri ak
relasyon spirityèl li genyen ak Papa l'. Li renmen kwit kribich, grave nas pou peche
pwason, jwe gòlf, epi li renmen pase tan ak pitit pitit li yo.

Desen Kouvèti ya: Tom Carroll, Sid Ostrali
Konsepsyon ak miz an paj: Karen Thompson, Lwès Ostrali
Translator: Samuel Lefevre, United States

Lòt tit liv ki disponib nan

C. Baxter Kruger:

Patmos
The Shack Revisited
Across All Worlds
Jesus and the Undoing of Adam
The Great Dance
God Is For Us
HOME
The Secret
The Mediation of Jesus Christ

Yon Nòt sou Mo *Perichoresis* la

Akseptasyon sense ya ap retire laperèz ak wont, epi li kreye libète pou w' konnen ak pou yo konnen w'. Nan libète sa soti yon fratènizasyon ak yon pataj tèlman onèt, ouvè ak reyèl ke moun ki ladann yo, youn rete nan lòt. Gen yon inyon san okenn moun pa pèdi idantite endividyèl. Lè youn kriye, lòt la goute sèl. Se sèlman nan relasyon Trinite Papa, Pitit ak Sentespri ke jan de relasyon pèsonèl nan lòd sa a egziste. Legliz primitif la te itilize mo "perichoresis" pou dekri relasyon sa a. Bon nouvèl la se ke Jezikri atire nou nan relasyon sa a. Li bay plenitid ak lavi ki ta sipoze ap degaje anndan chak nan nou pou ale nan tout kreyasyon an.

Pou plis enfòmasyon sou Baxter oswa Perichoresis ale nan Perichoresis.org

"*Parabòl Bondye k' ap Danse ya*" se pi bon baz teyolojik pou ankre mesaj Kè Papa Bondye a. Ti liv sa a pote yon mesaj plizyè milya moun ki pap danse men ki ta renmen ap danse toupatou sou planet tèt ya."

–Tom Hallas, Direktè Tèren, YWAM, Azi Pasifik

"Mwen te eseye pandan 55 lane, 11 mwa, ak 16 jou pou m te byen fè l. Bagay tout bon wi, mwen te eseye ak tout fòs mwen. Li te apre 11 zè nan yon sware lè m' te deside fòk mwen li ti liv sa a "Parabòl Bondye k ap Danse ya" ke bofis mwen te voye pou mwen. Lè m' rive nan twazyèm paj la, mwen te santi tankou yo ban m' yon kout pwelon nan figi m'. Mwen met tèt mwen sou zòrye m', dezoryante, epi m' poze kesyon sa a "Bondye, èske mwen te konprann bagay yo mal pandan tout lavi m?" Repons lan te senp epi klè, "Wi." E sa sete jis pwent iceberg la.

–Julian Fagan, Attorney, Amory, Mississippi

Pou pitit gason m'

James Edward Baxter Kruger Content

Tab de matyè

Entwodiksyon

Èske ou janm rankontre yon moun ki ta swaf rejeksyon? Mwen ipoze gen dwa gen yon moun kèk kote ki gen dwa swete yon bagay konsa, men mwen doute fò. Li sonnen ridikil pou yon moun ta anvi rejeksyon, ekspilsyon ak eksklizyon. Mpa kwè gen yon moun ki pa rayi rejeksyon paske se yon bagay ki fè mal anpil. Si gen yon desepsyon ki fè mal tankou rejeksyon, pa gen de. Lè nou pran yon ti fi dizan ki kase ponyèt li lekòl li e yo oblije kouri avè l' lopital. Ponyèt kase ya fè l' mal anpil. Men Doktè yo ap ba li piki kalman, yap ranje ponyèt la, mete l' nan yon kas epi ti demwazèl la ap oke. Kèlke jou apre li pral tounen lekòl la kòm yon ero — anpil lòt elèv pral mande l' pou yo siyen kas ki kouvri ponyèt kase ya. Men pran menm ti fi sa a ki desàn yon bis ak dlo nan je paske yon bon zanmi l' tap griyen dan ak pran plezi sou li devan lòt moun. Manman l' ap eseye console l', men pou yon rezon ou yon lòt, pawòl rekonfò yon manman gen mwens pouvwa ke pawòl rejeksyon yon zanmi. E pa gen okèn piki Kalman tifi ya ka pran pou anestezi blesi sa a. Pa gen kas ou ka mete sou yon kè ki blese. Gen anpil chans ke tifi a pral pase rès aprè midi ya poukont li, ap krye nan chanm li. Lè li tounen lekòl, li ap la, men l' ap yon timoun ki blese nan kè l'. E blesi sa pra l' mete l' nan laperèz, li pral vinn fè l' a la defansif e rann li ezitan. Se jan d'inpak sa yo ke rejeksyon ka fè sou nou. Li ka chanje nou. Li ka fè nou vinn à la defansif, rann nou tantatif ak menm fè nou vinn sispèk. E sa ka fè nou izole tè nou nan dives fòm.

Men poukisa rejeksyon fè mal konsa? Mwen panse ke pouvwa rejeksyon gen sou nou an, gen pou wè ak fason Bondye kreye nou an swadizan. Nou renmen lè moune aksepte nou. Se sak fè nou gen kè kontan lè moun akeyi nou avèk respè. Menm jan yon pwason pwospere ak fleri nan dlo, nou menm lèzòm tou, nou pwospere ak fleri nan akseptasyon. Sa se anviwònman natirèl nou. Nou pa santi nou byen san li, e kè nou pa kontan san li.

Mechan an konnen byen kòman bondye fè nou. Menm jan li konnen sakap rive yon pwason si yo ta rale l' sot nan dlo, se konsa li konnen tou sakap pase nou lè yo "retire" akseptasyon nan men nou. Li se yon ekspè nan rejeksyon. Estrateji prensipal chèf advèsè ya se poul konvenk nou ke nou pa akseptab. Li gen yon pakèt trik li itilize sou nou. Kèk ki evidan ak kèk lòt ke nou mal pou n' wè. Men pi gwo trik ennemi ya se pou l' manipile konpreyansyon nou de Bondye. Sa a se manman manti ya. Si li ka konvenk nou ke Bondye rejte nou, ou byen Bondye pa renmen nou, oswa li pa siye avèk nou, lè sa a nou pral kwè ke lavi'n fini. Nou ka vin tankou ti fi dizan an ki al fèmen tèt li poukont li nan chanm li an epi k'ap kriye. Lè nou resi kite chanm nou, nou soti ak yon kè blese e sa a, se yon move reset ni pou fratènizasyon ni pou viv byen. Se yon bagay ki byen senp, rejeksyon retire libète pouw jwi laviw.

Pa gen dout ke Jezi konn tout bagay sou pouvwa akseptasyon an. L' ap viv nan libète ak lajwa akseptasyon papa l' ki nan syèl la avèk yon fyète san parèy depi tout letènite. Li konnen papa l' pa yon legalis e li te desi e ofanse pwofondeman de fason swadizan lidè relijye nan epòk li yo te malreprezante papa'l avèk doktrin ak Pratik legalis yo a. Donk, li te detèmine pou l' chanje pèspektif yo de bondye ak fason panse nou tou. Sa se pou pèmèt nou tout wè, konpràn e santi akèy avèk akseptasyon papa l' bay an abondans. Ministè Jezi poul chanje fason moun legalis yo prezante papa l' sipoze bannou libète ak lajwa nan moun nou ye a nan je Bondye e konsa pouse nou pou n' viv yon vi ki konble nou.

Lik 15 se pi gwo atak Jezi lanse dirèkteman dèyè moun ki panse mal de Bondye labib la. Men, fòk ou tande sa Jezi ap di yo avèk swen. Papa'l bon e li renmen nou avèk anpil pasyon. Yon ti konpreyansyon de verite sou ki moune Bondye ye ka limen yon flanbo libète ak fè jayi yon jwa àndan w' ke se sèlman nan rèv ou ta kònen sa egziste.

Levanjil dapre Lik Chapit 15

Kounyen ya, tout moun ki te gen vye repitasyon yo, tankou kolektè inpo yo, avèk tout lòt kalite pechè yo, te pran abitid vin rasanble bòkot Jezi an pakèt. Li te atire yo tankou yon leman paske yo pa t' ka sispann koute konvèsasyon'l yo. Men, Farizyen yo ak dirèktè lalwa yo te konn ap babye poutèt jan Jezi te kòn ap akeyi moune sa yo k'ap fè sa ki mal yo epi li te konn ap manje ak yo lè l' te kòn rankontre yo nan fèt li te konn ale yo. Se tout babye lide relijye sa yo ki te enspire istwa sa a:

Sipoze youn nan nou gen san (100) mouton. Si l' ta pèdi youn ladan yo, èske li patap kite katrevendisnèf lòt mouton yo nan dezè a, pou li al dèyè sak pèdi a? Lè li jwenn li, l'ap mete l' sou zepòl li ak kè kontan. Lè l' tounen lakay li avèk li, l'ap rele tout zanmi'l yo ak tout vwazen'l yo, pou l' invite yo vin fete avèk li, mouton ke l' te pèdi ya e ke l' jwenn nan. Map di nou ke istwa sa a reflete lajwa ki gen nan syèl la pou yon moun ki te pèdi e tounen jwenn vrè idantite l' la, olye de katrevendiznèf lòt yo ki gentan konnen e aksepte moune yo ye a, e kidonk yo pa bezwen moun pèsuade yo.

Oubyen, kiyès fanm ki ta gen dis pyès lajan epi ki ta rive pèdi youn ladan yo, ki pap limen yon lanp imedyatman, pase bale nan tout kay la, epi pran swen cheche l' nan tout ti kwen jouk li jwenn li! Epi lè l' jwèn kòb la, li ap rele zanmi l' yo ak vwazen l' yo pou yo vini fete avèk li paske li jwenn pyès lajan li te pèdi ya. Mwen di nou, lè konsa, figi zanj nan syèl yo briye ak lajwa pou yon sèl moun ki redekouvri vale l' ak idantite otantik li.

Jezi di ankò, yon nonm te gen de pitit gason, pi piti ya pwoche bòkot papal epi l' di l': " Papa, banm pam nan, nan byen nou yo."

Lè sa a, papa a oblije separe byen l' yo bay tou lè de. Kèk jou apre, ti gason ki pi jèn nan ranmase tout afè l', li pati al' nan yon peyi etranje byen lwen lakay li. Antan li lòt bò a, li lage kòl nan banbòch, li gaspiye tout byen papal te bali yo pandan l' tap pran plezi l' san kontwòl. Distans nap pale ya, li depanse tout resous li yo e sak pi rèd la, yon gwo famín pral tonbe nan peyi kote l' ye a. Li vín nan gwo nesesite. Se konsa, li vwayaje pi lwen nan peyi a jiskaske la l' asosyel avèk yon sitwayen nan peyi sa a ki pral lagé l' nan jaden l' pou l' te ka gade kochon l' yo pou li. Misye te tèlman grangou ke li tap byen renmen plen vant li ak sa kochon yo t'ap manje ya, men yo pa t' ba l' dwa sa.

Se lè sa a atò, jenòm nan pral tounen nan bon sans li. li pran reflechi sou sitiyasyon l' epil di konsa: "Gade kantite moun k'ap travay lakay papam pou lajan! Yo jwenn manje agogo. Epi menm la a, m'ap mouri grangou bò isit la."

Pandan lap prepare l' poul retounen lakay li. Li kòmanse fè repetisyon de sal pral fè yo: "M'ap leve, mwen pral tounen jwenn papa m', m'ap di l' ke m' peche kont syèl la ak devan wou menm tou. Mwen pral konvenk li ke mwen pa merite pou yo ta rele m' pitit li ankò epi sipliye l' pou l' ta ban m' travay kòm youn nan sèvitè k' ap travay avèk li yo!" Aprè sa, li leve vre, li pran chemen tounen lakay papa li.

Misye te byen lwen kay la toujou lè papa a wè l'. Avèk anpil konpasyon, lepè a kouri al rankontre piti li. Li pase men l' nan kou l' epi li bo l' avèk anpil afeksyon. Lè pitit la repràn souf li, li kòmanse fè konfesyon li te prepare ya, "Papa, mwen peche devan syèl la ak devan fas ou, mwen pa merite pou moun ta konsidere m' kòm pitit ou…"

Papa a pat okipe l' ak sa l' tap di ya e li pat ba l' yon chans poul te fini resite diskou l' te prepare ya. Li jis bay sèvitè l' yo lòd pou yo pote pi bèl rad ki gen nan kay la pou yo te ka abiye pitit li ya avèk li. Epi pou yo ba'l yon bag pou mete nan dwèt li avèk soulye pou mete nan pyé l'! Li tèlman tap tann retou pitit gason l' la, li fè pote yon jenn ti towo ke l' t'ap angrese a pou lè pitit la te tounen, epi li fè touye l'. Se te gwo fèt! "Kidonk, ak lespri nou ki ranpli ak lajwa, ann kòmanse selebrasyon kè kontan sa a!" Sa a se rezon lajwa nou: pitit gason m' nan ki la a te mouri, men li tounen vivan ankò!

Li te sanble pèdi pou tout tan, koulye a, men li la a, mwen jwenn li! E konsa, yo kòmanse fete.

Lè sa a, pi gran frè ya tap soti nan jaden e lè l' rive pre kay la, li tande mizik ak vwa koral kap chante, kap danse. Sa rann li kirye, konsa, li rele youn nan jèn ti sèvitè yo epi li mande l' sak genyen? Jenòm nan repòn, "Ti frè w' la vini. Donk, papa w' fè touye jenn ti towo nou t'ap angrese a, pou l' ka fè fèt pou misye ki tounen vinn jwenn li lakay li an sante."

Nouvèl la fè gran frè ya, ki pat gen okenn dezi antre nan kay la al jwenn yo, fè gwo kòlè. Lè sa a, papa l' vin oblije soti al plede avè l'. Li reponn papa'l, "gade tout ane m' fè ap sèvi ou; mwen pa janm derespekte lòd ou. Men, ou pa janm konsidere rekonpanse m', menm avèk yon mouton pou m' te ka fete ak zanmi m' yo. Sepandan, lè pitit gason'w lan tounen, li menm ki fin gaspiye tout byen ou yo nan banbòch, se pou li ou fè touye jenn towo nou t'ap angrese a.

Li di li, " Pitit cheri m' nan, ou toujou la avè m'; tout sa m' genyen se pou ou. Men, fòk kanmenm nou te fè fèt, nou pa t' ka pa kontan, paske frè ou la te mouri, men li tounen vivan, li te pèdi, men nou jwenn li koulye a. "

Chapit 1

Yon Parabòl sou Bondye k' ap Danse ya

Twazyèm parabòl Jezi bay nan Lik 15 la se san dout youn nan parabòl pi popilè l' yo. Se li menm li pi renmen. Li pale de yon papa ak de pitit gason l' yo. Reyalite sa a sèlman fè parabòl la a vin chè pou nou. Li plis koni sou tit "parabòl anfan pwodig la." Petèt rezon an se paske istwa pitit gason ki "te pèdi" a vini anvan e paske li tèlman reyèl e emosyonèl. Men, gen plis a aprann de parabòl la ke pasaj pitit gason sa a. Se poutèt sa istwa a pa fini kon l' tounen lakay. Istwa a kontinye epi gran frè a vinn jwe wòl prensipal la. Si nou ta chita sèlman sou pitit gason ki pi gran an ak lavi l', tit parabòl la ta sipoze yon bagay konsa "parabòl pitit gason avèg la," oswa "parabòl ki rate ide ya." Men, istwa sa a pa vrèman sou ni anfan pwodig la, ni pitit gason avèg la. Leson istwa plis sou papa a. Se li menm ki pèsonaj santral la. E Jezi nan parabòl sa a ap itilize relasyon papa sa a ak de pitit gason l' yo pou l' revele bannou verite chokan de ki moun Bondye ye.

Istwa sa apràn nou plis de kiyès Bondye ye ak kijan li ye an reyalite. Li pale de fason Bondye panse e kòman li panse. Li montre nou kòman Bondye aji anvè nou. Li fè nou konnen kè Papa a ak lajwa li. Se yon istwa sou yon Bondye ke nou ka fè konfyans—yon parabòl sou Bondye k' ap danse.

Jezi pran pi move timoun ki te ka genyen epi li fè Papa l' ap pouswiv li. Li pran egzanp yon jenòm ki mechan e ki san moral epi li fè nou konnen ke menm pitit sa yo tou papa l' dezire yo bòkote l' avèk pasyon epi l' genyen yon afeksyon intans pou yo. Papa l' toujou dispoze poul pran swen tout pitit li yo ak padone yo san kondisyon.

Jezi dekri yon imaj Bondye ki kanpe sou balkon syèl la, l' ap gade, l' ap cheche nan orizon an ninpòt ti siy oswa lonbraj retou pitit li a. Epi dèke l' wè l', pitit sa a, Jezi fè nou wè jan Papa l' kouri al pase men nan kou pitit li a e li bay lòd pou fè yon gwo fèt pou li.

Ala yon bèl imaj de Bondye! Mwen di w, pa gen pi gwo deklarasyon ki fèt sou Bondye nan tout Bib la pase sak di sou li nan vèsè 20 yan: " Msye te byen lwen kay la toujou lè papa a wè li. Kè papa a fè l' mal, li kouri al rankontre l', li pase men l' nan kou pitit la epi li bo li." (HCV). Se te avèk anpil kè kontan li te resevwa pitit gason l'.

Premye kesyon pou nou tout la, e petèt sèl kesyon an, se: Èske nou fè rankont ak Papa sa a? Èske nou fè konesans ak Bondye parabòl sa a? Èske nou konnen l'?

Èske ou pa ka santi kè Jezi nan istwa a? Ou pa ka wè pawòl sa yo ekri nan tout figi l', "fòk ou fè renkont ak vrè Bondye a?" Èske ou pa ka santi Jezi ki ap lite ak tout move jijman moune ap fè sou Bondye pa l' la? Èske ou pa ka tande l' ap di tèt, "Si yo te ka jis renkontre Bondye sa a, epi aprann konnen l', sa tap chanje tout bagay."

Bondye Reyèl la

Jezi te rakonte parabòl sa a ansanm ak de lòt anvan yo, poul te reponn dirèkteman a kritik lidè relijye yo ki te parèt soidizan "jis". "Lidèship" legliz enstitisyonèl Jwif la pat renmen lefèt ke Jezi Kris te resevwa e aksepte pechè (v. 2). Moun kap fè fwòd ak pechè yo, moun yo rejete yo ak moun ki echwe nan lavi ya, te konn ap soti toupatou epi vide sou Seyè ya an pakèt, e l' te konn trete yo tankou zanmi dantan.

Jezi te kontan wè yo. Li te gen kè kontan nan prezans yo. Li menm manje avèk yo e patisipe nan fèt yo. Men aktivite dwòl sa yo ta pral tonbe anba anpil kritik anba bouch sèk relijye ki te la yo. "Gade yon moune ki sàntifye, Jezi, kijan de moun sen ki ap abode pechè konsa a? Ou pa gen okenn relijyon nan wou, Jezi? Kòman ou fè nan chita ak moun sa yo? Kijan ou fè aksepte jan de pechè sa yo ki ap fè sak pa dwat, jan de moun kap blaspheme sa yo?"

Ou ka prèske santi reyaksyon Jezi. Li asireman pat atann ak kritik e jijman sa yo. Men, sa a plis ke pat atann, Jezi te trouve sa inkroyab. "Eske nou serye? Eske nou inyoran nan eta sa a? Nou reyèlman pa konprann poukisa mwen akeyi pechè yo e manje avèk yo? Mwen fè sa paske se konsa Bondye ye! Paske Papa m' ap mache dèyè pechè sa yo pou l' anbrase yo e manje ak yo. An reyalite, Li fè yon gwo fèt byen bèl pou yo.

"Men," Jezi di, "kite m' rakonte nou bagay sa yo."

Sa kap pase nan parabòl sa yo, Jezi ap reponn a fason dirijan yo, ki te sipoze ap eklere pèp Izrayèl la, panse de Bondye. E se fason yo panse de Bondye ki lakòz yo pote move jijman kont li. Men Jezi gen yon sezisman pou yo. Li atake fason panse yo paske yo konprann bagay yo mal.

Parabòl sa yo ke Jezi bay yo, se yon atak dirèk, yon atak konplè sou panse tèt anba ke Farizyen yo te genyen de Bondye ak fason li opere. Yo te panse de Bondye tankou yon kontab. Yo kwè ke l' gen yon bilan aktif. Li fè yon lis ke lap kontwole toutan pou l' siveye ki moun kap fè sak pa bon ak moun kap fè saki bon yo.

E yo panse ke pechè sa yo pa gen okenn chans, paske yo se moun ki echwe mizerableman. Moun sa yo pa kalifye pou favè divin. Yo pa fè anyen pou Bondye. An reyalite, yo fè tout sa ki posib pou yo diskalifye tèt yo de tout sa ki divin—Tout bagay nèt, jijman k' ap ret tann yo.

Men Jezi fè nou konnen ke Bondye aksepte moun echwe sa yo tou. Jezi, vrè Pitit Bondye, li menm k'ap viv kòtakòt ak Papa Bondye, (JN 1:18) e ki konnen Papa a devan dèyè (MT 11:27), konfwonte yo ak yon apwòch teyolojik ki vire lòlòj yo. Li vire teyoloji yo a tèt anba. Olye de yon Bondye kontab, ki gen yon lis nan men l' lap tcheke, olye de yon Bondye nan syèl la ki ap jijé moun selon zèv yo, Jezi konfwonte yo ak yon imaj de Bondye k' ap danse nan lajwa dépi l' remake yon moune echwe ki ap tounen lakay li. Li prezante yo yon Bondye ki tounen yon esprentè divin, ki ap kouri dèyè pechè, ki ap mache fè fèt pou sila yo ki poko kalifye e ki pa ka kalifye tèt yo pou yo ta genyen favè li.

Olye de yon Bondye ki paka tann pou jije nou—yon jij ki sansib a la gachèt, ki tann yon pakèt pyèj pou nou e ki paka tann nou tonbe ladan yo—vèsyon Jezi sou Bondye se yon Papa mèveye ki kenbe fèm, ki pèsistan e ki pa janm chanje. Li rete egzakteman moun li ye a, yon Papa, menm lè ak sitou lè pitit li yo ap fè rebèl, vinn gen move konpòtman e yo ki kite bon chimen an.

Papa sa a pa kenbe okenn rekò nan kè l' pou nou. Nou pa oblije pase pa yon pil etap jan relijyon farizyen yo ekszije l' la pou l' padone nou. Papa sa a pa padone sou merit ni li pa mande nou pou fè okenn zèv pou li bannou padon. Paske padon l' la toujou disponib pou nou menm. Se jis mande l' pou padon sa a epi resevwa l' e aksepte l'. Sa nan pawòl Jezi a, 'akonpli.'

Sa konsène yon pitit gason, ki se yon pitit e ki rete yon pitit paske li gen yon papa ki se yon papa e ki pa janm sispann ret yon papa. Sa pale tou de yon pechè ki ap tounen nan bon sans li e dekouvri laverite sou kiyès li ye gras a moun Bondye ye a. Sa konsène yon pitit gason ki vin reyalize ke li gen yon kay, ke li gen yon papa, ke li gen yon eritaj li pa ka gaspiye. Gran objektif la se pou aprann konnen Bondye, e konnen ak kwè nan bòn nouvèl Bondye ya ki se yon Papa bon kè ki pa janm chanje.

Pitit gason an pèdi nan peyi byen lwen avèk dlo nan je. Li mizerab, paske li konnen nan fon kè l' ke li antò. Li pa kapab chape anba gou anmè wont li a. Anbarasman ak dekourajman ap swiv li tout kote l' fè. Li pa ka defèt move bagay li fè yo. Tout sa li ka santi oubyen di se: "Ooo, papa m', mwen peche kont syèl la ak devan je'w. Mwen pa merite pou ou konsidere m' kòm pitit ou ankò. Gade m' tankou youn nan moun k'ap travay avèk ou yo."

Jenòm nan santi yon gwo imilyasyon ak yon kondanasyon pèsonèl. E malgre l' nan sitiyasyon li ladann nan, Jezi montre nou levanjil ki ap soti nan pwòp bouch pitit la. Li preche levanjil bay tèt li pandan l' ap viv yon mizè ki atwòs, men li pa tande l'. Li jis ap repete bèl pawòl. Èske w' remake sa pitit gason sa a di? Li di: "Mwen pral tounen al jwenn papa m " (v. 18, HCV). Verite a soti nan pwòp bouch li men li paka wè l', m' pa bezwen di w pou l' ta rive nan faz pou l' ta kwè sa l' di ya.

Malgre tout sa li fè, gen yon reyalite ki solid, ki pa chanje. Gen yon eritaj ki pa ka gaspiye. Li gen yon papa.

Pandan li lwen, pandan l' ap fè repetisyon diskou l' la "Petèt mwen ka merite yon plas lakay mwen akoz de repantans mwen" , verite ya tonbe sou li tankou gwo tònè. Papa l' toujou ret papa l'.

Sa ki vinn klè pou pitit gason sa a se lefèt ke li pa ka chanje kè papa l'. Papa l' pa renmen l' pou sa l' fè. Papa l' pa janm sispann renmen l' non plis menm le l' rebele e menm lè l' echwe mizerableman. Papa l' rete papa l'—pe inpòt. Li se e li toujou rete pitit bieneme ya paske papa l' toujou rete papa l'.

Ti gason sa a podiab panse menm jan ak nou nan tèm relijye. Li panse ke li ka fè e li dwe fè yon bagay. Li konnen l' voye flè, men li panse ke se petèt lapenn li ak repantans li yo ki pral fè'l jwenn favè devan papa l'. Li panse ke, li finn gaspiye tout afè l' nan yon vi rebelyon, ki byen malere, men lapenn li, soupi'l yo, konfesyon l' yo, e byen petèt imilite l' ak relijyon l' tou ap rezon ki fè l' jwenn travay ak manje pou l' manje pou pi piti lakay papa l'.

Se sa li ap fè. Li abiye tèt li an relijyon paske l' panse se sa ki pral atire konpasyon papa l'. Men sa ki etonan, gloriye e mèvèye sè ke li pa menm gen chans ouvri bouch li. Li leve tèt li epi li wè papa li kap kouri vinn jwenn li. Li friz nan wout la e se gade l' gade li wè papa l' gentan kouvri l'nèt. Tout sa li santi se akolad ak bo papa l'. Tout sa l' wè se papa l' kap danse nan lajwa tèlman l' kontan wè l'.

"Sa a," Jezi ap di la, "se jan de moun sa a Bondye ye, se fason sa l' panse e konsa l' aji."

Men, jenòm nan poko janm konprann anyen. Li toujou panse ke se sa l' gen pou l' fè yo ki pral fè papa l' padone l' ak aksepte l'. Li poko janm ka konprann ke se moun Bondye ye a ki gentan padone l' e aksepte l' san l' pa bezwen fè anyen. Akseptasyon pitit gason an pa gen anyen pou wè avèk pitit la. Li gen tout pou wè avèk papa l'. Li te fè repetisyon diskou li ya e l' te detèmine pou l' al resite 'l pou granmèsi. E se egzakteman sa li fè vre: "Papa, mwen peche kont syèl la ak devan w'; mwen pa merite pou moun rele m' pitit ou ankò." Men, remake sa tèks la di apre sa. Eugene Peterson pi byen kaptire l': "Men papa a pa tap tande sa l' tap di ya" (HCV).

Yon gran diskou konsa, ki se yon si bèl konfesyon, men sa pa interese papa a. Li pa enterese ditou. Sa sèlman ti gason an wè se papa l' kap danse ak lajwa. Sa l' tande kòm repons a diskou l' la se rèl papa l' kap bay lòd pou: "Pote pi bèl rad la, mete l' sou li pou mwen. Pran sandal, mete l' nan pye l'. Pote bag fanmi ya, mete l' nan dwèt li. Epi limen dife babekyou a! Nou pral fè yon fèt. Paske pitit gason m' sa a te mouri, men li tounen vivan ankò; m' panse l' te pèdi, koulye

18

a tounen lakay."

Bòn nouvèl glorye lagras sa a se temwayaj egzistans papa a ak aksyon l' yo. Nou gen tandans marye levanjil la ak pitit gason sa ak diskou l' la. Yon volim leson bay la a nan grenn ilistrasyon sa a.

"Pitit gason m', se pa opinion w' de tèt ou ki konte. Se pa merit ou non plis. Se pa yon kesyon de bèl nòt pou w' fè pou mwen non plis. Se pa sa ou fè oswa sa ou pa fè. Se lefèt ke mwen se papa w' e konsa ou se pitit mwen. Sa m' ta renmen sè pou w' vinn konnen kiyès mwen ye an reyalite e konsa kiyès ou ye tou—se zafè pa m' ou ye. Sa a se pou w' vinn konnen jan Bondye konnen w'. Objektif la se pou w' ka wè tout richès eritaj ke ou genyen nan mwen epi ou konble avèk anpil alelouya! Anfen d' kont, konesans sa pral pèmèt ou dodine pandan w' ap jwi relasyon mwen menm avèk ou.

Yon remak sou Syèl la ak Legliz

Yo di ke byenke Bib la pale anpil de syèl la, li pa bannou twòp detay sou ki jan syèl la pral ye. Men, si w' ta renmen konnen kòman syèl la ye, men li. Se yon fèt. Se yon bankè. Se yon selebrasyon ke papa Bondye òganize e se li menm ki chèf dansè ya. Sa nou sipoze konnen de syèl la, se yon kote n'al fete ak papa Bondye e yo selebre nou kòm invite d'onè fèt la malgre nou sibi dè zechèk ki ta sipoze fè nou pa kalifye.

Premye nan twa parabòl sa yo di ke gen " va gen plis kontantman nan syèl la" (v. 7, HCV) chak lè lavi yon pechè sove. Nan dezyèm parabòl la, zanj Bondye yo fè fèt lè yon pechè konprann pwen yan epi li vire do l' bay tèt li pou l' al jwenn Papa a. Nan twazyèm parabòl la, pa gen okenn mansyon de kè kontan nan syèl la, pa gen mansyon de zanj kap fete non plis, nou sèlman wè yon bèl ilistrasyon de Bondye ki ap danse. Nou wè yon imaj vivid de Papa a k ap kouri, anbrase, ak bo pitit gason sa a ki te echwe, epi l' bay lòd pou fè yon gwo selebrasyon.

Sa a se kijan bagay yo ye nan syèl la. Se kontantman Bondye; se konsa papa a ap danse nan lajwa, konsa li banboche nan pi gwo fèt nan listwa limanite.

Eske sa pa yon bèl imaj de kòman legliz te ye lè sa ak kòman l' ye jodi ya— kise kè kontan Bondye ki ap jayi nan kè nou epi lakòz yon selebrasyon? Jodi a, n'ap chaché "modèl" pou nou ka pale de legliz. Nan istwa yo, no wè yon bèl modèl: legliz ap fete.

Eske sa a se pa esans evanjelizasyon? Eske li pa ta sipoze lè moun, tankou gran frè ya (v. 25), ap vinn legliz sot' nan travay. Yo tande mizik ak wè danse nan legliz la, epi yo ta renmen konnen ki sa k' genyen?

Eske sa a, se pa fondasyon misyon nou? Eske nou pa gen apèl pou selebre moune ki gen gwo kè kontan e ki konble ak gras ak lajwa Papa nou, ke selebrasyon sa yo atire atansyon mond lan?

Relijyon

Jezi te rakonte parabòl sa a pou li te konfronte e atake move konpreyansyon de Bondye ki tap epapiye atravè relijyon enstitisyonèl nan epòk li ya. Li te bay istwa sa a pou l' te ka pote yon refòmasyon ak yon revolisyon. Li te di l' pou l' te ka libere moun pòv yo ki t ap viv, oubyen ki tap eseye viv anba joug yon teyoloji ki chita sou kenbe rekò pèfòmans. E Jezi bay parabòl sa a tout moun kòm yon apèl serye a larepantans. E m' kwè li te rakonte l' ak dlo nan je. Paske li te wè ke moun relijye nan epòk li yo pat vle patisipe nan fèt Bondye a. Yo te estomake pito. Pi gwo enkyetid Jezi nan parabòl sa a se te gran frè yo ki nan mond lan e lefèt ke yo t ap rate fèt sa yo.

Pa gen anpil vèsè nan Bib la ki pi deplorab pase vèsè 28 la, ki di: "Gran frè a fè kòlè, li derefize antre nan kay la." (HCV). Li te vin rayisab e li pa t' vle ale nan fèt la.

Jezi fè nou konnen poukisa gran frè a te rayisab konsa. Se te akòz teyoloji l' te aprann nan. Sa l' te kwè ladann nan se ke Bondye se yon papa kontab ki gen yon lis de tout sa l' fè nan men l' ke l'ap kontwole. E li te gen pwòp bilan pa l' tou. E, selon rekò ke l' genyen de pwòp tèt pa l', li pa t janm echwe menm yon fwa: " Gade! tout tan mwen genyen depi m'ap sèvi ou; mwen pa janm derespekte lòd ou. Men, ou pa janm ban m' yon ti kabrit pou m' fete ak zanmi m' yo." (v. 29, HCT).

Ou wè sa k ap pase la a. Frè sa a te fè tout bagay kòrèkteman. Li te obeyisan pafètman. Li te kenbe regleman yo. Men li repwoche papa a: "epi ou pa janm rekonpanse m'. Anplis de sa, lè pitit gason w' la ki renmen banbòch la tounen sot' nan yon peyi byen lwen, ou fete san limit epi ou fè tèt ou pase pou yon moun fou devan domestic ou yo telman wap bave sou piti ou a. Ou ta dwe wont, papa! Sa a pa jis! Li debode! Li move anpil!"

Ou ka imajine ekspresyon nan figi papa a lè l' reyalize ke pitit gason l' la ki te avèk li (nan legliz?) tout ane sa yo e li pa t janm konnen ki moune li ye an reyalite? Li te sezi, tris avèk yon kè tris.

"Pitit gason m', kisa w' ap pale konsa? Ou pa kòprann anyen nan anyen non. Ou mande m poukisa mwen pa janm fè touye yon bèf pou wou pou w' te ka fete ak zanmi w' yo? Pitit mwem, tout zafèm se pou ou e yo te toujou pou ou—ou pa kòn sa?"

Gade vèsè 11-12: "Se te yon nonm ki te gen de pitit gason. Pi piti a di papa l': 'Papa, ban m pòsyon nan eritaj la ki pou mwen yan.' Lè sa a, papa a separe byen l' yo bay tou de pitit li yo" (HCV). Ou ka konprann sa? Li te divize byen l' yo antre yo.

Tout sa papa a te genyen, li te deja kite yo pou gran frè ya. Tout rès byen papa a te gentan pou li. Papa a te gentan ba l' Kado l' deja. E malgre sa, gran frè ya te fè dè zane ap eseye pwouve ke li fè ase pou l' merite byen sa yo ke papa l' gentan fèl kado yo. Se sak fè byen yo pa janm konble l'. Li pa janm konprann papa l' ni mizèrikòd li. E li pa janm jwi papa l' ni pil kado ke li ba li an abondans.

Li te kapab fè yon fèt ninpòt lè l' te vle pandan tout tan sa a. Men li pat vle aksepte kondisyon Papa a. Li te oblije envante pwòp kondisyon pa l'. Li tounen bagay yo an relijyon. Li te pase tan li ap eseye pèfòme pou sa ki te deja pou li ak kenbe yon resi byen detaye pou asire ke l' te fè sa.

Kòlè l' anvè papa a ak rayisman l' kont li ak gwo fèt la ki te fèt pou frè l' la ki te pèdi ya, pa t yon senp emosyon tanporè. Se te yon kòlè ki te fè pati tout lavi l'. Se te ekspresyon move teoloji deforme l' la ak fo asirans li te genyen.

Gran frè a pat janm konprann kisa lagras ye. Li pat janm selebre lagras. Li pat janm jwi papa bon kè l' genyen ya. Li pa t janm vrèman konnen papa l' ni lavi ki genyen lakay li. Li te konplètman mal konprann kiyès papa l' ye ak koman l' fonksyone. Li pa t gen okenn ide. Sèl sa ki te nan tèt li, sè ke jan papa l' aji ya anvè li menm konpare ak ti frè l' la, li pa jis. Kidonk, li te refize patisipe nan fèt la.

Se jan de bagay sa yo moun relijye nan chak jenerasyon tonbe ladan yo. Yo envante pwòp kondisyon pa yo. Olye yo rekonèt pwòp echèk yo ak jan yo pa vo anyen, epi pou yo ta layite kò yo nan favè Papa a ak viv nan gwo anbrase li, yo pito kreye yon relijyon. Yo kreye definisyon imajinè pou yo ka konvenk tèt yo ke yo bon, yo dwat epi yo gen lanmou lakay yo. Epi bagay yo tèlman vinn konplike ak tèt anba, li vin difisil pou yo konprann ke Bondye se yon papa bon kè ki anbrase e aksepte menm moun ki fè fayite yo tou. Yo paka konprann non plis yon Jezi ki resevwa yo libreman e ki trete yo kòm zanmi dantan.

Yo pa jam konnen Bondye reyèl la ak lavi ki genyen nan li. Pwòp jistis tèt pa yo, anpeche yo wè ak fè eksperyans gras li ya. Yo pa janm patisipe nan fèt divin an. Sak fè yo fè sa? Se paske yo pa wè tèt yo kòm moune echwè dezespere ki kanpe san defans epi ki pa gen pouvwa pou yo ta chanje tèt yo—Yo t'ap pratike larelijyon.

Inevitableman, rayisman kòmanse monte nan kè yo lè yo wè fason Papa a resevwa moune san limit ak gwo fèt li fè nan okazyon sa yo. Epi prezans moun relijye sa yo kraze bèl sipriz sa yo ki rezève pou pechè yo. Lè konsa, yo transfòme selebrasyon an an yon aksyon san vi, ki raz tankou yon "sèvis relijyon" pou Bondye, ke Bondye pa pran okenn glwa ladann.

Tèks la di ke papa a soti epi l' al siplye pi gran pitit gason l' lan (v. 28): "Vini non pitit mwen, fèt la se fèt ou tou. Se nou tout la ki ap selebre. Se konsa lavi lakay mwen ye. Vinn fete avèk nou non, plas ou la nan pami nou tou." Mo grèk ki itilize la a pou "siplye" se parakaleo. Se yon mo ki itilize nan Nouvo Testaman an pou egzòtasyon anba pouse Sentespri. Nou wè l', pa egzanp, nan 2KOR 5:20: "Konsa, nou se anbasadè pou Kris la, kòm si Bondye tap siplye ou atravè nou; nap siplye w' nan non Jezi, vinn nan fèt la souple.

Papa a te siplye pitit gason l' lan ki pi gran an, a travè Sentespri, pou l' te vinn patisipe nan selebrasyon an. Men, pitit la pat tande l'. Li pa t ka aksepte invitasyon sa a. li pat fè sans pou li. Relijyon li gen àndann la ak inyorans li te anpeche l' konprann. Konsa, li te reziste

Lespri Bondye epi l' refize ale nan fèt la.

Kèk Kesyon Onèt

Ann fè yon ti rekil kounyen a epi fè yon ti analiz sou tout bagay sa yo. Koman nou ta sipoze konprann bagay sa a?

Jezi konfwonte nou ak yon Bondye ki pa egzakteman moun nou te atann de li a. Bondye sa a ke Jezi prezante nou an se yon Bondye ki chokan. Jezi chanje tout bagay. Moun relijye yo, sila yo ke nou wè ki te nan mitan zafè Bondye yo, yo menm pat konprann anyen nan anyen e yo rate verite a. E se moun echwe ki eran yo ki vinn jwenn tèt yo emèveye devan Papa a e nan mitan fèt la ke l' fè fè pou yo nan lajwa rankont li avèk yo.

Ki kote nou ye nan tablo sa a? Yon fason rapid pou jwenn yon repons onèt se pou n' poze tèt nou yon kesyon sou koman nou tande parabòl sa a. Pandan nou tande yap pede rekonte l', nou pran bò yon moun. Nou tande istwa atravè zòrèy youn nan pèsonaj yo. Li ka pitit ki pi piti a, oswa pi gran an. Li ka papa a oswa petèt Jezi, ki se li menm ki ap rakonte istwa a. Men, nou tout sètenman idantifye ak youn nan pèsonaj sa yo e nou wè bagay yo atravè je li.

Li enpòtan pou reflechi sou kesyon idantite sa a. Li gen yon fason pou l' chèche nou e revele sak nan panse nou an reyalite—yon panse ki ka byen kache nan lespri nou, men ki ka afekte nou pwofondeman nan fason n' ap viv. Kesyon sa a fè nou wè aklè, sa nou te ka rele "teyoloji k' ap travay" nan nou a. Sa a diferan de teyoloji nou aprann legliz oswa nan etid biblik. Teyoloji k' ap travay la se fason nou panse de yon Bondye ki toujou ap travay nan nou ak sou nou. Se panse ki sot nan nanm nan. Pou poze, onètman, kesyon an sou nan ki pèspektif nou tande istwa a ap ede nou konprann sa nou vrèman panse nan pi fon egzistans nou.

Ann pran ka pitit gason ki pi piti ya an premye. Si se avèk li ou ka idantifye w', donk f'on kanpe epi egzamine laviw onètman.

Gade manti ou yo ak echèk ou yo ak ògèy ou yo ak move bagay ak gaspiyaj ou fè yo nan je. Poze tèt ou kesyon sa a: Èske li posib ke papa sa a ki nan parabòl la se Bondye li ye epi li panse de mwen menm jan li panse de ti pitit gason sa a? Èske li posib ke andepi de tout sa m' fè ak sa m' pa fè, Bondye sa a tojou ret' papa m'. Li gen anpil charite pou mwen e l' ap kouri vinn anbrase m' ak kè kontan tout bon vre?

Eske l' posib ke l'ap vin jwenn mwen kounyen a, se pa demen non, ni lè m' mouri, ni lè m' ta rive met lòd nan lavi m, men kounye a menm—et avèk tout konesans de ki yès mwen ye ak ki sa mwen regle—epi l' ap rele dèyè domestic li yo, pou yo te ka pote pi bèl wòb li a, ak yon sandal, ak bag fanmi an renmen anpil la pou yo te mete l' nan dwèt mwen?

Eske ou ka kwè ke Bondye se konsa li ye vre? Eske w' ka kwè ke Pè letènel gen kè kontan lè l' ap panse de wou? Eske ou ka kwè ke Li bay lòd pou òganize yon fèt pou ou? Eske ou ka kwè bagay sa yo de Bondye m' ap pale w' de li ya? Si w' pa kwè, frè m' oubyen sè m' nan, ou bezwen repanti! Se sa wi, repanti! Ou bezwen chanje fason ke w' panse ak jan ou kwè konplètman. Repanti de kroyans ou nan gwo manti sa a ke yo fè w' kwè sou Papa nou an. Pran san w' pou li vèsè 20 an: "Msye te byen lwen kay la toujou lè papa a wè li. Kè papa a fè l' mal, li kouri al rankontre l', li pase men l' nan kou kipitit la epi li bo li" (HCV). Memorize l'. Kwè nan Bondye ou wè nan vèsè sa a. Medite sou verite sa a. Bwè l'. Layite nan li. Chita pou admire Papa Bondye nou an.

Kounye a, ann analize ka pi gran frè ya. Si w' idantifye w' avèk li, Lè sa a, ou gen yon kesyon ki fè fas a ou sou sa nou ta ka rele "larelijyon."

Ou dwe poze tèt ou kesyon sa a avèk onètete: Èske mwen gen lespwa nan kè m' ke relijyon m' nan pral fè m' fè bèl nòt devan Bondye? Eske m' panse ke se bonte m' ak obéyans mwen ki pral fè Papa a aksepte m'? Eske m' panse ke lefèt ke m' toujou prezan legliz ak imilite m' ak konfeksyon m', se bagay sa yo ki pral genyen kè Bondye pou mwen? Eske m' kwe yon fason ou yon lòt ke relasyon Papa a avèk mwen gen pou wè ak pèfòmans relijye mwen? Si se sa, mwen di w' frè m' oswa sè m, ou bezwen repanti! Tout bon wi, repanti! Chanje lide w' de kroyans ke w' genyen nan gwo manti sa a ke yo fè w' kwè sou Papa nou an. Gade byen vèsè 31 a ki di: "Pitit mwen, ou toujou la avè m'; tout sa m' genyen se pou ou" (HCV). Memorize l'.

W'ap fè fas la a ak yon Bondye ki deja aksepte ou nan Jezi e ki bò w' tout bagay nan li. Kòman ou pral travay pou w' genyen sa ki gentan pou ou deja? Piga devalorize tèt ou. Mete rejis la atè epi vinn apràn konnen Bondye. Vinn jwenn mèvèy sa a. Vini nan fèt lagras la ke Bondye ki ap danse ya bay lòd pou l' fèt. Fèt la se fèt pa w' li ye tou.

Kounyen ya an n' pran ka papa a pou yon moman. Si ou idantifye w' ak papa a ki nan istwa sa a, alò m'ap diw pa kite gran frè ki ògeye yo nan mond sa a vire fèt la an relijyon, epi konsa fè legliz yo tounen yon ponp finèb. Fè atansyon ak moun ògeye sa yo ki ap chache kache dèyè imilite nou ak sèvis nou. Enb yo se sila ki rekonèt echèk yo e ki rete etone ke Bondye pa janm sispann pouswiv yo san relach nan Jezi Kris. Li pase men nan kou yo e l' aksepte yo jan yo ye ya.

Imilite se aksepte lagras. Se akseptans akèy etonan ki san merit ke papa a bannou nan

Jezi. Fè atansyon ak sila yo ki gen ògeye poutèt sa yo fè pou Bondye, olye pou yo ta konble ak sa Bondye fè pou yo.

Men pa sispann siplye yo pou yo vinn nan fèt la. Pa dekouraje. Pa sispann fè yo sonje ke fèt la se fèt yo tou. Epi lage tout bagay nan men Bondye.

Si'w idantifyew avèk Jezi, moun k' ap rakonte istwa a, ebyen m' ap diw, kontinye gen lacharite pou sila yo ki poko konprann anyen, ak pou sila yo ki refize kwè. Men pa janm sispann rakonte istwa a. Kontinye rakonte l' e rakonte l', jiskaske legliz konprann e aksepte mesaj la ankò. Kontinye rakonte istwa sa a jiskaske legliz nan pwochen milenè a vin tounen yon legliz ki se yon mèvèy. Yon legliz ki gen reverans devan Bondye reyèl la, e konsa ki toujou ap selebre. Yon legliz ki tèlman konble ak lajwa Papa a, ke rès mond la ki tande pale de fèt la, ta renmen konnen sa k ap pase la a.

Ke kè Papa a inonde nou ak lajwa konsa.

Priyè ak Kesyon pou Refleksyon

Papa, mèsi pou lanmou pasyone ou gen pou mwen. Ede m' fè lanmou w' konfyans ou kòm bagay ki pi verite nan linivè a. Montre m ki bò, ak kilè ak kijan mwen pa kite w' renmen m'. Benyen nanm mwen ki blese a ak lajwa afeksyon w', pou m ka konnen ou ak Jezi nan libète Lespri ou. Amèn.

1. Pouki sa ou panse Jezi te rakonte istwa Papa a ak de pitit gason l' yo?

2. Eske w' panse Bondye pran plezi genyen w' nan kreyasyon li ya?

3. Mete tèt ou nan plas pitit gason ki pi piti ya, pandan l' t ap gade sou wout la epi li wè Papa l ap vini jwenn li. Lè Papa a ap gade w', kisa ou wè ki make nan tout figi l'? Sak fè sa?

4. Poukisa li difisil pou ou kwè nan Bondye sa a ki se Papa Jezi a?

5. Kijan relasyon w' ak paran w' fòme fason ou wè Bondye? Kijan paran ou yo sanble oswa pa sanble ak Papa ke Jezi ap dekri ya?

6. Lè wap panse de Jezi, eske ou wè l' kòm yon pèsonaj ki pi akseptan e mizerikòdye, pi dou ak aksesib pase Bondye Papa a? Si wi, ki sa ki baz vizyon ke w' genyen de Bondye ya?

7. Èske ou dakò oswa ou pa dakò ak deklarasyon sa a: "Padon Papa te fèt anvan lafwa w' ak repantans ou a?" Pouki`sa?

Chapit 2

Ann Repase Parabòl la

N' ap repase gwo parabòl sa a paske plis bagay dwe di sou deklarasyon ouvèti chapit la: "Nan moman sa a, anpil gason ak fanm ki gen repitasyon louch t' ap pase tan ak Jezi. Yo tap koute l' avèk anpil atansyon" (TM). Epi plis dwe di tou sou akizasyon farizyen yo ak etidyan relijyon yo ki te di: "Nonm sa a ap recevwa pechè" (v.2, HCV).

Nan yon bò, akizasyon sa a chaje ak lespwa pou nou tout la paske li prezante yon Seyè devan nou ki resevwa pechè avèk anpil lanmou ak lajwa. Nonm sa a aksepte m', jan m' ye a, san zipokrizi. Men, nan yon lòt bò, sepandan, akizasyon sa a, ansanm ak premye deklarasyon an, se yon pwen konviksyon pou legliz.

Èske se ka sa a jodi ya ke moun dekri legliz kòm yon kote ki aksepte pechè? Èske se konsa moun ki nan kominote w' la pale de legliz, ak fason legliz ou a fonksyone? Èske legliz ou a tonbe anba akizasyon ke "yo resevwa pechè," menm jan Jezi te konn fè l' la? Eske pechè yo ap mete zorèy yo a lekout pou yo tande sa nou gen pou n' di yo a menm jan yo te konn fè pou yo te tande Jezi?

Nan mitan yon mesaj pou timoun kote m' tap bay parabòl sa a, mwen menm ak timoun yo te jwe wòl santral istwa a. Nou te gen yon gran pitit gason ki t ap travay nan chan yo, ak sèvitè ki tap travay nan kay la, epi nou te gen yon ti pitit gason ki te pati ale nan yon peyi byen lwen. Mwen te jwe wòl papa a. E lè ti pitit gason an te antre nan legliz la soti nan peyi lwen an, mwen pran kouri nan mitan legliz la a ap rele, "Li tounen lakay! Li tounen lakay! Li tounen lakay!" Menm jan ak papa a ki nan parabòl la, mwen kouri al pase men nan kou pitit mwen yan, epi mwen bay sèvitè yo lòd pou yo te pote yon rad, soulye ak bag fanmi an, epi prepare yon fèt. Sa pa t 'yon moman raz ditou!

Men nan mitan tout sa a, Seyè a te bannou yon lòt parabòl, yon parabòl vivan. Mwen te wè sa k ap fèt nan kwen je mwen pandan m' tap kouri tounen soti nan peyi lwen an. Li te gen rapò ak pitit mwen an, Baxter. Mwen remake li te kouvri je l' epi l' souke tèt li pandan m' ap kouri ak ap rele nan legliz la. Plizyè moun te wè sa e yo te fè kòmantè avè m' sou sa apre sèvis la.

Apre legliz, nou de ya tounen lakay ansanm. Mwen mande l', "Eske papa w' te fè w' wont pandan m' tap preche mesaj timoun yo?"

Li reponn "Wi." Lè mwen mande l' poukisa, li reponn, "Mwen pa konnen non, Papa."

Mwen di, "Pitit, ou konn wè m' ap aji konsa ninpòt mil fwa e ou pa jan konn wont. Ou pa sonje lè m' te konn ap antrene ekip zanmi w' la? Oswa lè nou te konn ap montre Laura monte bisiklèt li, oswa lè Kathryn t'ap apràn mache, oswa lè nou te konn ap jis jwe nan kay la. Ou wè m' ap aji konsa tout tan. Se konsa sa mwen ye."

Men li reponn mwen, "Se vre Papi, men on pa konn aji konsa legliz la!" Sa ka komik o komansman, men imè sa a pa dire lontan. Mwen pa t' ri ditou. Se te tankou yon kout kouto yo foure nan kè m'. Se te yon lapenn toudenkou.

Ann Gade Legliz jan li ye a

Mwen okouran, asireman, ke paran yo se yon sous embarasman pou pitit yo. Men, te gen plis ki t'ap pase nan ka sa a ke wont parantal ki nòmal la. Yon jan, Baxter te konprann mesaj la ke kèlkeswa sa legliz ye, li pa yon kote moun sipoze ap jwe wòl Papa.

"Li oke, Papi, pou ou ka papa lè n ap jwe, oswa lè w' ap ede Laura monte bisiklèt li, oswa lè ou lakay la, oswa majorite lòt kote w' ye yo, men li pa bon pou w' konsa nan legliz. Li pa bon pou w' se papa isit la. Ou sipoze kite sa pou lakay.

Kèlkeswa lòt bagay li aprann pandan sis ane li gen sou tè ya, li aprann sètènman ke legliz se yon kote ke ou pa rete moun ou ye a, ou pa ka ret otantik. Nan pi bon ka, se kote ou sispann rete ou menm pou yon moman. Nan ka ki pi mal la, se kote ou pretann ou se yon lòt bagay oswa ou se yon lòt moun nèt. Legliz se kote tout bagay diferan anpil de lavi.

Brèf konvèsasyon sa a avèk pwòp pitit gason m' nan te fè m tris anpil. Li te fè m reflechi seryezman. Mwen espere li fè menm

28

bagay la pou ou. Mwen espere sa peze sou konsyans ou e li pa kite w' an repo menm jan li te peze sou konsyans mwen e li te vinn yon kochma pou mwen. Petèt se sa ki pral vinn sèl delivrans nou.

Ti gason konsa yo ap grandi vit e yo fini pa fè adye a legliz. Yo kite legliz. Yo di li fek. Li pa reyèl. Moun sou fè sanblan ladann. Se mete bèl abiman ki konte. Anpil moun mete yon mask, yon adopte yon lòt pèsonalite, yon pran yon lòt imaj. Li etranj e li pa koresponn ak lavi reyèl. Ki pwen n'ap eseye fè pase?

Mwen swete m' te ka di ke jan de konvèsasyon sa yo a se gwo eksèpsyon a règ jeneral la oswa yon jan de bagay etranj. Men, se pa sa. Kalite bagay sa yo frape m' tout tan. Mwen konnen, pa egzanp, ke lè moun aprann ke mwen se yon predikatè, yon bagay chanje nan dinamik konvèsasyon an. Gen yon ezitasyon, yon pwoteksyon, yon sispansyon onètete ki fèt toudenkou. Epi mask la parèt, li vini ak pawòl relijye yo, oswa konvèsasyon an jis kanpenèt.

Sa pa gen lontan, kote mwen menm ak yon zanmi te al pran lunch ansanm. Apre sa, nou pase al chèche yon pòtay an fè fòje, ki gen bèl dekò ke l' te bay fè pou li. Lite yon bèl ouvraj, yon atizana de premye klas. Tout boutik la te chaje ak kreyativite. Te gen lanp gaz an kwiv e dè santèn lòt atik ki fèt a la men. Bagay la te enterese m', e m' pat pedi tan pou m' te pran yon konvèsasyon avèk mèt boutik la. Li te banm yon tou. Epi nou pale. Pa jis sou kwiv ak fè, men sou anpil bagay.

Apre nou kite boutik la, nou t ap kondwi tounen nan legliz la epi zanmi m' nan vire gade m' epi l' mande, "Eske ou konnen si m' te prezante ou kòm yon predikatè, ou pa t ap janm fè konvèsasyon sa a?" Mwen di li ke malerezman mwen konn sa, e sa te banm yon lapenn san fen.

Nan yon moman nan chemin yan, legliz ak vokasyon predikasyon an te fè pase mesaj la ke doktrin kristsyanis la plis chita sou fè lebyen olye ke pou Bondye padone nou. E sa vle di ke moun yo santi yo oblije chanje konpòtman yo, vin dwat, anvan ke Bondye aksepte yo.

Lè nou te rive nan legliz la, zanmi m' nan di ke si nonm sa a nan boutik la te konnen m' se yon predikatè, li ta chanje langaj li, konpòtman li, atitid li, prezantasyon l', pou l ta ka parèt akseptab pou mwen. Li ta mete yon mask oswa pretann li se yon lòt moun, pou li te ka fè m' resevwa l' ak aksepte l'.

Poukisa tout bagay sa yo? Poukisa nonm sa a ta santi fòk li chanje pou l' ka vinn akseptab pou mwen? Paske la kretyènte ap anseye yon doktrin jodi ya ke nou pa akseptab jan nou ye a. Selon la kretyènte jodi ya, ou gen bagay pou w' fè pou rann tèt ou vinn akseptab. Nou dwe fè gwo nòt nan tèmomèt fè byen an pou Bondye ka resevwa nou.

Yon jan kanmenm, nan tout melanj kilti ak relijyon, mesaj la vinn kominike ke kritè akseptans yon moun devan Bondye gen pou wè ak moun nan, nan sa yo fè oswa sa yo pa fè. Li depann de bonte yo.

Men, jan Martin Luther te vinn eklere nou sou sa, kritè akseptans nou devan Bondye pa depann de okenn nan nou. Li pa gen anyen pou wè ak nou oswa sa nou fè oubyen sa nou pa fè. Kritè pou Bondye aksepte nou depann konplètman e Jezi Kris, li se kado Bondye bannou. Bondye aksepte nou nan li, ak gras a li. Jezi fè nou akseptab.

Mwen sonje nan moman sa a yon refren nan yon predikasyon ki trè popilè ke Benjamin Baker te preche: "Jezi te vini pou retire moun ki panse yo bon anba joug panse pa yo e mete yo sou gras li. Li te vini pou retire moun ki panse yo jis yo anba joug pwòp jistis pa yo e mete yo anba jistis Bondye.

Kèk mwa de sa, mwen te rankontre yon jenòm ki gen anviwon 35 an. Nou te vin zanmi, e pandan n ap pale, li kòmanse rakonte m' istwa li ak kèk nan bagay ke l'ap lite avèk yo. (Pandan n'ap pale de sa, li pa t konnen mwen se yon predikatè—nou te rankontre nan yon pwogram ki rele buddy ball.) Mwen te envite l' legliz, men sa pat enterese l'. Li di l' fè tout vi l' li pral legliz. Pandan n' ap fè konvesasyon sou sa, mwen finn pa reyalize ke jenòm sa a jis pa t kwè ankò ke legliz te gen repons pou kesyon ki gen rapò ak reyalite lavi ya. Legliz pa adrese vrè soufrans ki nan lavi moun. Legliz pa otantik. "Gagòt," mwen kwè se egzakteman mo sa a li te anploye ya. "Mwen pa bezwen relijyon; mwen bezwen lavi."

Kounyen a, pwen istwa sa yo se pa pou fè nou santi n' koupab. Pwen an se pou ede nou wè sa k ap pase. Sa ta sipoze ede nou fè yon evalyasyon sensè sou "legliz" ak sakap pase anndan kay Bondye a, pou nou ka kòmanse jwenn vrè repons yo.

Lè nou te an Ekòs, Seyè a te mete m' fas a fas ak reyalite sa a. Li fè m' kanpe devan yon bèl batiman legliz. Li te byen dekore epi Achitekti ya te yon mèvèy. Men li te fèmen, li pat an fonksyon, e siy ki sou pòt la te te make sa a "Mackenzie e Mackintosh Ajans Imobilye." Souvan, nou wè bèl edifis legliz ke yo fè tounen yon biwo avoka, yon ba, restoran, oubyen yon estidyo dans.

Souvni sa a ban m' pwoblèm pandan dè tan. Se yon bagay ki te toumante m' lè m'tap anseye lòt bò a. Li te fè m'ap mande sa pou'm te di etidyan teyoloji sa yo—ki pral tale konsa vinn pastè—ki vrèman diferan de sa ki te konn di lè legliz yo komanse pèdi fil e fini pa fèmen pòt yo.

Gen plizyè kouch ke nou dwe konsidere nan tip de kesyon sa a. Gen anpil liv, atik ak mesaj ke moun ap piblye ki adrese kesyon sa a. Tout sa yo san dout ede anpil. Men, pou mwen menm, lik 15:1 ak 2 revele nou ak legliz an jeneral yon pakèt bagay: "Nan moman sa a, anpil moun fanm kon gason ki te gen yon repitasyon louch te konn ap pwoche bò kot Jezi pou tande sa l' t'ap di yo avèk anpil atansyon".

Atirans Jezi

Enpòt kijan, ekla Seyè nou Jezi Kris te atire pechè yo—li te bayo espwa. San zetònman, yo te santi yo alèz avè l'. Yo te konn vin jwenn li. Yo te ouvè avè l'. Prezans li ak ansèyman li yo pat fè yo ni ezitan ni mete yo an mizangad. Yo pa t santi nesesite pou yo te mete yon mask nan figi yo. Jezi te konplètman diferan de sèk relijye òganize yo.

Moun sa yo te abandone legliz yo pandan lontan, omwen, yo te fè sa nan kè yo. Ou ka tande yap di, "Men, nonm sa a diferan. Gen yon bagay lakay nonm sa a ki touche kè m'. Gen yon otantisite san mank lakay Jezi sa a. Gen yon simplisite sou li. Li pa kont mwen, li nan avantaj mwen."

"Nonm sa a pa fè m' santi m' wont ak san valè, malgre m' konnen mwen koupab e ke m' echwe. E mwen konnen li konnen kiyès mwen ye ak kijan lavi m' ye. Kijan de moun mwen ye an reyalite, men Jezi rete la avèk mwen, ak pou mwen. Gen yon bagay mèveye de nonm sa a. Mwen ka wè sa nan je l'. Mwen wè konpasyon. Mwen wè mizerikòd. Men gen yon bagay ki pi pwofon pase sa—mwen wè gras Bondye. Nonm sa a pa kondane m'. An reyalite, li fè m' santi m' lakay mwen. Li fè m' santi tou ke m' aksepte, rekonèt, apresye, e menm cheri—jis jan m'ye a."

Atirans Jezi Kris bay la vini difèt ke li pa kondane moun; li aksepte yo. Prezans li pat fè moune santi yo kondane tankou farizyen yo; li te fè moune santi yo aksepte pito.

Gen yon sèn ki vrèman sansib nan fen fim yo rele Tombstone nan. Wyatt Earp al' vizite Doc Holliday, ki preske mouri ak yon maladi tibèkiloz. Gen yon brèf konvèsasyon ant de zanmi yo, kote Doc Holliday di Wyatt Earp, "Wyatt, ou se sèl moun nan tout lavi m' ki te janm ban m espwa."

Se sa nou santi nan Jezikri tou—espwa, bèl espwa de echèk a echèk. Olye pou l' ta fèmen konvèsasyon yo. Olye pou l' ta fè moun yo santi yo pa t ka moune yo ye a toutbon bòkote l', kite ka lakòz yo te oblije vinn kote l' ak yon aparans relijye, li te gen yon atitid lespwa ki te atire pechè yo vinn rasanble bòkote l' etan ke peche yo te ye a. Konsa yo te mete zorèy yo a lekout pou yo tande sa l'ap di yo. Li te bay moune libète pou vinn bò kote li jan yo ye, la a menm.

Pa gen mask — Pat gen nesesite pou sa. Jezi te aksepte moune yo jan yo te ye a. Paske li pa t gen okenn enterè nan anyen lòt sof pechè yo ak kondisyon yo etan ke pechè. Nouvèl li te pote ya te pou yo, la a kote yo te ya, jan yo te ye a.

Sa ki fouyè yon twou ozalantou legliz e ki pral separe l' de pèp la, sè ke legliz echwe nan kominike "pa gen kondanasyon" pou pechè yo. Sa yon moun ap degaje se yon fenomèn espontane. Nou tout gen yon bagay n' ap degaje. Kesyon an se, kisa n' ap degaje a? Èske atmosfè n' ap degaje ya fè moun santi yo alèz? Eske yo fè moun santi yo jwenn refij bòkote nou?

Nou ka invite nenpòt moune nan lari a pou vini legliz e li gen anpil chans pou li reponn, "M' ap vinn legliz lè m fin met lòd nan lavi m' an an plas." Pou kèk rezon, jan anpil moune aji, se tankou legliz pa yon refij pou pechè. Li pa yon plas pou moun ki ap lite yo, sila ki fè fayit yo e ki tromatize. Legliz se pou moun ki deja korije lavi yo — omwen sou sa je nou bannou.

Men, moun ki tromatize yo, moun ki ap lite yo ak moun ki rete dèyè yo, moun ki fè fayit yo, tout te rasanble bò kot Jezi Kris. Yo te santi akseptasyon la e yo te byen pwoche pou te tande sa l' te konn ap di yo.

Annou tounen Vrè Legliz la

Kòman nou pral fè sa? Kòman nou ka degaje kalite anbyans sa yo? Kijan pou n' fè rive nan yon espas kote moun ap vini jwenn nou? Kòman pou nou rive nan yon etap kote entwodiksyon nou etan ke kretyen oswa predikatè pa fèmen konvèsasyon an, men louvri l' pito ak onètete e verite? Kòman pou nou rive nan yon etap kote moun ap efòse yo pou tande sa nou gen pou n' di yo?

Kòman nou ka rive nan yon plas kote moun konnen nan lespri yo ke kèlkeswa lòt bagay nou ta ye, nou fè yo santi yo lib. Se pa sèlman libète ya non, men enstriksyon kijan pou yo' ka otantik, pou yo' ka rete moun yo vrèman ye a, san pretansyon, san kachotri? Kòman nou ka enspire ak degaje espwa bay moun ki bò kote nou?

Repons ak kesyon sa yo sè ke nou pa ka fè sa de pa nou menm. Se pa anyen nou fè pou sa. Se gade n' gade n' wè n' konsa. Meyè fason m' ka konprann li, se yon bagay ki pran fòm espontaneman nan fon kè nou. E se sak pase nou lè n'ap dekouvri e rankontre vrè Jezi ya yon nonb de fwa nan pwòp lavi nou.

Gen de pati ki enpòtan nan deklarasyon sa a. Premye a se ekspresyon "vrè jezi Kris la." Dezyèm nan se ekspresyon "nan pwòp lavi nou." Petèt yon pi bon fason pou n' di sa se "nan fon kè nou," paske dekouvèt sa a ak konesans vrè Jezi Kris la, se yon bagay ki reyèl ke w' santi nan kè w'. Se yon bagay nou konnen nan fon kè nou ak lè nou vin byen okouran de pwòp fayit nou.

Lè mwen di "vrè Jezikri ya," m' ap pale de JeziKri ke Papa a te voye sou latè pou te rekonsilye nou avèk li epi mennen nou lakay li. Se JeziKri sa a ki te vini pou nou epi l' te pran fado tout echèk nou yo ak peche nou yo. Se li menm ki pran responsablite pou tout fòt no you, li fè yo vin pa l', epi l' jere yo. Se JeziKris sa a ki pap janm vire do bannou, ki pap janm abandone nou, ni ki pap janm sispann padone nou, kèlkeswa sa ki ta rive.

E lè mwen di "nan pwòp lavi nou," m'ap pale de lè nou fè fas ak reyalite deklarasyon Pòl yo—" tout moun fè peche, yo pa merite pataje laglwa prezans Bondye " (ROM 3:23, VFK), " Pa gen yon moun ki fè sa ki dwat, pa menm yon sèl. Pa gen yon moun ki konprann, pa gen yon moun ki vle swiv Bondye. Yo tout vire do kite l, yo tout pran move chemen.Pa gen youn ki fè sa ki byen pa menm yon sèl."(ROM 3:10-12, VKF)—e nou reyalize ke yo aplike nan lavi nou dirèkteman. Yo aplike pou mwen, e yo aplike pou wou.

Nou vin nan pwen kote nou reyalize ke nou egare e nou santi yon gwo perèz ak yon enkapasite ki anvayi nanm nou. Nou santi lawont, tristès, dezespwa ak kè sere.

Toudenkou, tout bagay sa yo ke nou konn ap li nan Bib la vin yon reyalite konkrè pou mwen. Mwen vin konnen, san m' paka evite l', e avèk laperèz, sa ki laverite de mwen.

Epi, la menm, nan moman laperèz sa a, lè nou vin rekonèt aklè ke nou pa anyen e ke nou echwe, nou pran nouvèl la ke kritè akseptasyon nou an pa gen anyen pou wè ak nou ditou. Nou tande Pawòl la ki di ke akseptasyon nou depann totalman de yon lòt moun—Jezi Kris.

Nan mitan nwit fènwa lapèn nou, nou dekouvri laverite ke Papa a fè nou akseptab e li resevwa nou nan Jezi. Nan konesans ki fè nou tranble a ak konpreyansyon sou jan nou egare ak enkapasite, nou wè ke Papa a, nan gras enfini li, pran nan men nou responsablite pou fè tèt nou akseptab ak pwòpte tèt nou, e li mete tout bagay nan men Jezi. E nou wè ke Jezi te akonpli misyon la.

Lè Nouvèl sa a rive nan nanm nou ki deja ap souffri; lè Pawòl sa a gaye nan kote nou gen doulè yo. Kote nou wè ak pran sant echèk nou yo. Kote nou ka pran gou yo. Se lè sa a n'a kòmanse konnen glwa gerizon Pawòl la.

Lè nou resi konpràn ke nou pa kanpe sou anyen e nou santi dezespwa paske nou pakab fè anyen pou sa. Epi apre lè w' tande bòn nouvèl JeziKri la, bagay yo kòmanse ap fèt anndan nou ak atravè nou. Lè nou konnen e kwè ke Kris aksepte nou jan nou ye a rankontre avèk konsyans pwofond, pèsonèl ak doulè wont nou ak echèk nou, verite sa ap kòmanse pwodwi pwòp fwi pa l' nan nou.

Gen plizyè pwen enpòtan nou bezwen eksplore la a. Premyèman, lè nou tande Pawòl akseptasyon nou nan Jezi, sa pwodui yon selebrasyon nan kè nou ki petèt byen blese. Nou kòmanse ap viv yon vi de reverans anvè Bondye. Nou admire Li paske li twò bon. Pou nou ka di w' li yon lòt fason, nou kòmanse jwi Bondye, apràn konnen l', epi renmen l'. Nou kòmanse rejwi nan li. Nou vle rete bòkote l'. Nou pa ka anpeche nou vle kontinye fè konesans ak Bondye sa a.

Se sètènman sa ki te rive ti frè a nan istwa a. Nan moman wont li kote l' ta pral pran konsyans, li te resevwa yon gwo kou de gras nan figi l'. Sè l' sa l' te ka fè se admire akseptasyon san kondisyon papa l t'ap ofri'l la. Sè l' sa l' te ka fè se resevwa l' epi kanpe pou admire papa l'. Tout sa l te ka fè se kontinye apràn konnen papa sa a epi jwi li—jwi gras li, layite ladan l', rejwi ladan l. Se sa ki kòmanse ap fèt nan nou lè verite nou vin konnen sou Bondye ap degaje nan kè pa kontan nou an.

Dezyèmman, lè nou reyalize ke nou se moun ki aksepte nan Kris, sa libere nou pou nou rete moune nou ye a. Li komanse detwi rasin ki lakòz nou ap kache ya—laperèz pou yo pa ekspoze nou. Nou kòmanse lib pou nou rete otantik, pou nou bese gad nou epi retire mask nou yo.

Legliz kòmanse ap respire "lagras," paske chak moun nan legliz sou menm kondisyon yo. Yo la paske yo fè fayit, epi paske yo konnen nan rasin moun yo ye ya ke yo se yon pakèt bann echwe. Yo tande levanjil Jezi Kris la e konsa yo konnen ke Bondye aksepte yo kòm dè zechwe an Jezikri, e li resevwa yo menm lè yo se pechè. Donk pa gen rezon pou yo kache epi fè semblant. Kritè akseptasyon nou an pa nan nou; se nan Jezi li ye. Pa gen okenn rezon pou nou prezante yon fo pèsonaj.

Lè sa a, yon bèl bagay kòmanse fèt. Yo rele sa, nan nouvo testaman an, fratènizasyon. Fratènizasyon nan legliz se pa yon reyinyon sakre de bon moun. Se yon reyinyon pechè repanti. Se yon asosiyasyon moun ki rive a bout tèt yo ak relijyon, ki konnen yo pa ka jistifye tèt yo devan Bondye, ki konnen yo echwe, epi ki dekouvri ke se pandan yo te toujou pechè, Bondye te rekonsilye yo avèk li— Li te fè yo vin dwat avèk Li nan Jezi Kris. Epi konesans sa a afranchi nou pou nou ka rete moun nou ye a ak ekspoze tèt nou.

Pòt fratènizasyon sa you ouvè lè padon Bondye komanse ap pran rasin li nan nanm yon pechè, apre l'al pran rasin li nan nanm yon lòt peche, epi yo rankontre nan yon espri akseptans. Pa gen kondanasyon antre yo.

Konsyantizasyon ke tout moun genyen sou sa gras Bondye fè pou yo pèmèt bèl fratènizasyon ant kretyen sa yo. Epi nan anbyans selebrasyon padon ak lespwa, genyen yon opòtinite, petèt pou lapremyè fwa, pou kretyen kòmanse sèvi youn lòt. Libète pou sòti nan kache e rete moun nou ye a, kreye yon opòtinite pou jwenn kèk bon gerizon pou nanm ki blese yo ak kèk bon chanjman pou lavi nou. Paske, finalman, nou gen asirans ke yo konnen nou ak lespwa ke genyen solisyon ki mache.

Twazyèmman, lè nou konnen pwòp bezwen nou an pwofondè, lè nou fè fas ak li onètman, lè nou vin konsyan de dezespwa nou e nou santi nou dezespere, pandan n' ap jwenn lespwa nan Jezikri, nou kòmanse ap radiye ak kè kontan. Pandan nou wè tèt nou egare epi malgre sa a nou konnen ke nou aksepte kòm dè zechwe nan Kris. Pandan ke nou vin konprann ke relasyon nou avèk Bondye pa gen anyen pou wè avèk nou ditou e gen tout bagay pou wè avèk zèv li nan Kris. N' ap degaje bèl vayb lè nou kòmanse ap pran plezi nan Bondye sa a epi ap jwi bonte l' ansanm nan fratènizasyon kote youne ap padone lòt.

Pandan gras Bondye a ap pénétre nan nanm nou ki blese, nou, menm kote ya tou, degaje gras sa a anvè lòt moun. Olye pou yo ta santi fòk yo mete lòd nan lavi yo pou yo alèz lè yo bòkote nou, pechè yo vin kòmanse santi yo lakay yo nan pami nou. Yo kòmanse santi, pou nou itilize yon bèl mo eskosè, angrase— gras la sou yo.

Akseptasyon Bondye ki ap soti nan nou menm nan, lakòz pechè ki bò kote nou yo santi akseptasyon sa a tou. Epi se sa, ofon, ki ap pwopaje fratènizasyon vrè legliz la, fratènizasyon padon ak akseptasyon nan Kris la, fratènizasyon lagras, fratènizasyon inite san

36

kachotri, nan yon mond dezespere tèt anba ki pran nan yon pèlen pèdisyon – menm pèdisyon larelijyon.

Akseptsyon kap sot nan nou an etann kominyon Papa a ak Pitit la nan Lespri bay moun ki bò kote nou yo. Li enkli yo nan gras la ki se Bondye li menm e ki ap degaje sot nan nou menm.

Lòt pechè yo kòmanse ap fè rankont gras Bondye ya atravè nou. Lòt pechè kòmanse santi Papa a ki ap pase men nan kou yo a atravè nou. Yo kòmanse detekte kè Papa a nan kè nou.

Lè konesans pwofon echèk nou yo ak pèt san zespwa nou yo rankontre ak reyalite padon Papa a ak akseptasyon l' de nou nan Kris. Lè yo kwaze nan nanm nan ak Lespri a, epi mèvèy sa a ak glwa sa a kòmanse bwase anndan nou, yon lespri "pa gen kondanasyon" kòmanse gaye soti nan nou. Li byen envizib, men trè zevidan. Li sitou pa vèbal, men li di yon pakèt bagay.
Nou vin patisipan nan akèy Bondye kap danse a. Atraksyon Jezikri ya li menm ap briye sot nan nou. Li resevwa pechè yo epi li manje avèk yo atravè nou. Li akeyi yo lakay li epi li aksepte yo atravè nou.

Sa se esans Krisyanis otantik la—Lè n'ap fè eksperyans gras gloriye Bondye a nan pwofondè pwòp echèk peche nou yo. Lè nap viv nan gras li, n'ap nouri gras li ak patisipe nan glwa li, epi konsa gaye gras Bondye ya bay tout moune ki bòkote nou.

Se direksyon sa a legliz pwochen milenè ap pran, paske Bondye twò fidèl pou l' ta kite sa fèt yon lòt jan. E mwen menm, mwen ta renmen la a nan mitan tout bagay. Epi mwen ta renmen pitit gason m' nan la avèk mwen. Amèn.

Se pou Bondye ouvri je nou pou l' kontinye fè nou wè echèk nou yo ak konprann gras li nan Jezikri. Nan yon pwen kote lavi ak lespwa ap degaje sot nan fon kè nou. Epi se pou Papa nou ki nan syèl pèmèt ke lòt pechè parèy nou yo dekouvri, nan nou, lefèt ke yo gen yon kay nan Jezikri.

Priyè ak Kesyon pou Refleksyon

Jezi, mèsi paske ou pataje avèk mwen pwòp eksperyans ou sou lanmou Papa a. Voye Lespri w' pou l' ka rann temwayaj ban mwen ke mwen tou fè pati Papa a avèk ou. Ede m' viv nan libète ak lajwa akolad Papa a, epi ede m renmen lòt yo ak lanmou ou pataje ak Papa w' ak Sentespri. Amèn.

1. Poukisa ou panse moun yo tap fòse pou yo tande sa Jezi te gen pou l' di yo?

2. Nan ki sans ou fyè de Papa Jezi a? Nan ki sans li fyè de wou tou?

3. Èske relijyon oswa moun relijye yo fè w santi w pa alawotè, tankou ou pa janm rive nan yon nivo ki wo ase epi ou pa janm fè anyen ki byen ase? Poukisa? Èske santiman ke ou pa alawotè a soti nan Papa Jezi? Kòman santiman ke ou pa alawotè a afekte relasyon w' ak Papa Jezi?

4. Ki sa ki pi bèl, fratènizasyon ak moun ki kwochi ki jwenn akseptasyon Papa a, oswa fratènizasyon ak moun ki, nan lespri yo, panse ke yo fè tout bagay byen?

5. Kòman larelijyon anpeche ou, tankou pi gran pitit gason an, fè eksperyans akseptasyon Papa a?

6. Ki jan ou kache pou Papa a?

7. Ki sa ou ta renmen plis nan men Bondye?

Kesyon pou plis refleksyon

1. Èske Bondye Papa a resevwa pechè yo menm jan Jezi te konn fè a?

2. Ki jan ou ta reponn yon nonm ki vin kote w' epi ki fè kòmantè sa a? "Mwen fè tout lavi m' legliz; mwen te fè tout sa yo mande m' fè e m' sèvi nan chak komite ki nan legliz la. Malgre sa a, mwen anwiye anpil – m' pap janm tounen legliz la ankò!"

3. Ki sa gras Bondye ye?

4. Poukisa moun fè tèt yo ak lòt moun mal? Ki kòz fondamantal doulè nanm imen an? Ki rapò kòz fondamantal sa a genyen ak jan ou konpràn Bondye?

5. Kòman lefèt ke w' ou pa vle kite Papa a renmen w' afekte maryaj ou ak relasyon w' ak zanmi pwòch ou yo.

6. Ki relasyon ki genyen ant enkyetid ak akseptasyon Papa a?

7. Eksplike kòman Bondye fè w' desi?

8. Poukisa lèzòm sanble yo renmen pran plezi nan erè oswa echèk youn lòt?

9. Kilès nan de bagay sa yo, laperèz pinisyon Bondye oswa lanmou Papa a, ki chanje kè moun?

10. Nan ki sans ou tap chanje si ou ta kite Papa a renmen ou?

11. Poukisa moun gen tandans pou yo plis kwè ke yo pa akseptab nan je Papa a?

12. Pi gwo laperèz kè imen an se pou Bondye ta rejte l' epi abandone l'. Poukisa Papa a ta abandone w'?

13. Èske Jezi te vini pou chanje kè Bondye? Èske yon moun ka chanje kè Bondye?

14. Poukisa Papa a renmen w'?

15. Poukisa elit relijye nan epòk Jezi a te konn pèsekite l' konsa?

16. Nan ki fason de pitit gason yo te separe ak Papa yo?

17. Nan ki fason ou sanble ak pi gran pitit gason an nan parabòl la?

18. Si w te ka tande Papa a ap lonmen non w' kounye a, ki mesaj li tap voye ba wou?

19. Èske peyi w' la plis tankou ti frè ya oswa gran frè ya nan parabòl la?

20. Ki sa ki t ap rive nan peyi w' si pèp la te kwè nan Papa Jezi a?

www.ingramcontent.com/pod-product-compliance
Lightning Source LLC
Chambersburg PA
CBHW050909120626
46554CB00003B/1097